INVENTAIRE

DU

TRÉSOR DE LA CATHÉDRALE D'AUXERRE

EN 1531

PAR

M. Max. QUANTIN.

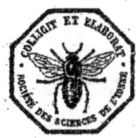

AUXERRE
IMPRIMERIE ET LITHOGRAPHIE DE GEORGES ROUILLÉ

1887

À Monsieur Léopold Delisle
Membre de l'Institut
Hommage affectueux
de l'auteur
Tray Gramon

INVENTAIRE
DU
TRÉSOR DE LA CATHÉDRALE D'AUXERRE
EN 1531

Par M. Max. QUANTIN

Séance du 12 Juin 1887.

Il est rare de trouver aujourd'hui en France, dans les cathédrales, des *Trésors* dont les objets précieux aient traversé les siècles et échappé aux pillages du xvie siècle et aux ventes plus ou moins légales. On est donc obligé, pour se faire une idée de la richesse et du nombre des œuvres d'art qui remplissaient les armoires des fabriques et qui ornaient les autels au moyen-âge, de recourir aux Inventaires des trésors, dont un certain nombre ont été conservés. La publication de ces documents rend service aux archéologues et aux amateurs d'œuvres d'orfèvrerie ancienne.

C'est d'un inventaire de ce genre, appartenant à la cathédrale d'Auxerre et daté de l'an 1531, que je vais avoir l'honneur de donner communication à la Société. J'y ai réuni de savantes notes ajoutées par l'abbé Lebeuf à une copie d'une partie de cet inventaire écrite de sa main (1) et qu'il a publiée en abrégé dans la *Prise d'Auxerre en 1567*, Preuves, p. xxv et suiv. Elles augmentent l'intérêt de ce catalogue et leur rédaction prouve que les

---

(1) Ces deux documents sont aux Archives de la Préfecture, cotés G 1424. L'inventaire a été recueilli autrefois par moi, avec d'autres minutes de notaires jetées au grenier.

Sc. hist.

objets dont il y est fait mention n'existaient plus au temps de l'abbé Lebeuf.

En 1869, M. Courajod, conservateur-adjoint au Musée du Louvre, a publié dans la *Revue archéologique* un autre inventaire du trésor de la cathédrale d'Auxerre, ayant pour titre : « Inventaire des joyaux, reliquaires et de quelques ornements qui étoient au grand trésor de l'église cathédrale un peu auparavan l'an 1567, qui ont été pris sans compte par les hérétiques (1). »

En rapprochant cet Inventaire de celui de 1531, on reconnaît de suite qu'il en est une copie abrégée. Les articles qui le composent sont les mêmes, excepté que plusieurs y manquent. L'intitulé de cette pièce annonce clairement qu'il y est question d'objets dont on veut conserver le souvenir, mais qui n'existent plus parce que le trésor de la cathédrale fut pillé par les Huguenots lorsqu'ils s'emparèrent d'Auxerre, au mois de septembre 1567.

La publication de la *Revue archéologique* n'ôte donc rien à l'intérêt de notre inventaire. Nous en sommes d'autant plus convaincu, que les inventaires postérieurs à ce dernier ne contiennent presque aucun des objets qui y sont si longuement décrits ; il n'y a surtout point de ces *ymages* et de ces reliquaires d'argent doré si richement ornés qu'on y voit en grand nombre.

Un inventaire, dressé en 1569, deux ans après le pillage de 1567, est un tableau frappant de l'état de pauvreté dans lequel l'église cathédrale d'Auxerre était tombée. Au lieu des *ymages* historiés, des reliquaires, des beaux calices, des croix d'argent doré de 1531, on y trouve seulement des ornements et des tapisseries que les pillards avaient dédaignés (2) ; et on y voit des *calices d'étain*, deux encensoirs et des bénitiers en cuivre, deux croix d'étain « en forme d'argent, » et voilà tout en fait de métaux.

Cependant, des Inventaires de 1726 et 1733 renferment un plus grand nombre d'ornements, mais surtout les *chapelles* données par les évêques depuis la fin du XVI° siècle jusqu'à ces dates, lors de leur intronisation. On y voit ensuite un grand nombre d'autres ornements, vases sacrés, etc., donnés par divers chanoines du même temps, mais rien de ce qui figure dans l'Inventaire de 1531.

Ajoutons, enfin, que l'Inventaire dressé en 1790, lors de la sup-

---

(1) Cette pièce est tirée d'un manuscrit de la fin du XVII° siècle, copié sur les Mémoires de Dom Viole (?), et appartenant à M. Courajod.

(2) Et encore il est mentionné la disparution de plusieurs draps d'or « qui ont esté dérobez ; une tunique de soie dont on a arraché les boutons qui étoient en argent. »

pression du Chapitre, confirme la pauvreté constatée postérieurement à 1531, par l'énoncé d'un petit nombre d'objets d'orfévrerie remarquables donnés par les derniers évêques.

Je terminerai ces observations par quelques remarques, tirées des délibérations du Chapitre, de 1568 à 1588, publiées par Lebeuf dans la *Prise d'Auxerre*, pp. XXXII et suiv. Le Chapitre y consigne tous les faits relatifs au recouvrement des ornements de son église, les indemnités qu'il paya à cet effet à divers individus et jusqu'à Sens et à Tonnerre, où des ornements avaient été emportés ; et les procès mêmes qu'il intenta à d'autres qui détenaient des objets volés à l'église. Mais on voit que parmi tous ces objets recouvrés il n'y en a aucun de ceux qui remplissent l'Inventaire de 1531.

Lebeuf a rapporté dans le même livre (1), comment les Huguenots étant entrés dans le Trésor, s'emparèrent des châsses, des vases sacrés et des joyaux, et « comment le sieur de Loron fit conduire dans son château de la Maison-Blanche, près de Coulanges-sur-Yonne, la meilleure partie des dépouilles d'Auxerre, et qu'on vit entrer chez lui dix ou onze charrettes chargées de coffres où étoit renfermée l'argenterie des églises. »

Les objets restitués au Chapitre cathédral, notamment, ne répondent pas à ceux qui figurent dans l'Inventaire de 1531, mais sont quelques ornements seulement. On doit donc présumer que tous ces objets d'orfévrerie qui y sont décrits ont été fondus, comme le rapporte Lebeuf, au château du sieur de Loron et le poids d'argent qui en provenait vendu ensuite vénalement.

Un dernier mot sur l'Inventaire de 1531. Parmi les soixante-dix articles qui y figurent, on voit les objets les plus variés : huit *ymages* des saints et de Notre-Dame, et surtout le fameux *joyau* d'argent doré n° 31, pesant 61 marcs, ou 30 livres et demie, au milieu duquel était placé le *Corpus Domini*, le jour de la fête du Saint-Sacrement. Ces monuments, œuvres d'art en même temps que sujets de piété, étaient exposés sur les autels ou portés en procession dans les rues de la ville et dans les différentes églises, accompagnés par l'évêque, par le Chapitre et le clergé tout entier, pour implorer la miséricorde divine dans les dangers d'épidémie et dans les temps de sécheresse ou de pluie persistants, ou bien encore à l'occasion de la célébration de victoires remportées contre l'ennemi dans les guerres. Le peuple, émerveillé, accourait en foule admirer ces beaux ymages et ces précieux reliquaires, et vénérer les reliques des saints qu'ils renfermaient. On

(1) *Prise d'Auxerre*, p. 138.

conservait encore, dans le trésor, des coffrets de bois renfermant des vêtements et des coiffures de saint Amatre et de saint Germain, précieux souvenirs des premiers évêques d'Auxerre, et un reliquaire contenant le manteau de saint Martin.

A la suite des reliquaires et autres objets d'orfévrerie, l'Inventaire a un paragraphe très long contenant la description des ornements servant au culte : chapelles, c'est-à-dire tout ce qui compose l'ensemble d'un cérémonial religieux, chappes, chasubles, draps de soie, parements d'autels, linges de chamvre et de lin ; Missels et autres livres liturgiques manuscrits.

Nous donnerons plus loin la description de plusieurs des ornements, pour faire apprécier leur richesse. Quant à leur nombre, il était considérable et répondait aux besoins du culte dans la cathédrale, qui ne comptait pas moins de soixante grands chanoines et quatre demi-prébendés.

Il y avait 19 chapelles complètes, c'est-à-dire composées de :

59 chappes de couleurs différentes, selon les règles liturgiques, et d'étoffes riches en soie, satin, damas, drap d'or frisé, velours, etc. ;

9 chasubles ;

42 draps et parements de soie de diverses couleurs, servant aux autels selon la nature des offices. Ces ornements étaient souvent semés de sujets d'épisodes religieux ou de représentations de lions et d'autres animaux.

Le linge, gardé dans deux grands coffres, se comptait par 123 serviettes de lin et de chamvre, 32 nappes, 60 aubes, 24 sacs à mettre les calices.

Il y avait encore des tuniques, des oreillers, des ceintures, le tout en taffetas.

Les livres de chant sont des manuscrits riches, mais peu nombreux, comme on le verra plus loin.

Inventaire des reliquaires, vases sacrés et ornements du trésor de la cathédrale d'Auxerre.

1531, le 3 juillet.

1. — Une croix d'argent doré, ayant un crucifix, ung Notre-Dame et Saint-Jehan autour le pié, soustenu sur quatre lyons ; au millieu de laquelle a du bras de monsieur Saint Pélerin, comme le porte l'escriteau ; pesant 8 marcs et 1 once en pois ; le reliquaire en cristal.

2. — Item ung ymage (1) de Saint Estienne, d'argent doré, le pié assis sur

---

(1) On sait que le nom d'ymage était donné aux statues, de quelque grandeur qu'elles fussent. (M. Quantin.)

quatre lyons, tenant une châsse en ses mains en laquelle a du bras de monsieur de Saint Estienne, comme le porte l'escriteau ; pesant 11 marcs 7 trezeaux.

3. — Item ung autre petit ymage dudit Saint Estienne, d'argent doré, le pié de cuyvre doré, assis sur trois lyons, tenant ung caillot en sa main dextre et ung livre en sa sénestre, le manipule un peu rompu ; pesant 3 marcs 6 trezeaux.

4. — Item ung aultre joyau d'argent doré à troys carrés et troys pilliers, assis sur troys hommes sauvages, ayant un peu au-dessous du pié troys prophètes tenant troys rôletz ; ou milieu six estandars dessus lesquelz a ung ront de cristal ouquel est escript : *de costa sancti Stephani prothomartyris*, et au-dessus du ront de l'ymage du crucifix avec l'ymage de Nostre-Dame ; le tout pesant 6 marcs et 1 once.

5. — Item ung ymage de Nostre-Dame, coronné d'argent doré assiz soubzbassement d'argent doré, tenant à la main dextre ung cristal, et à la sénestre son enfant, la coronne garnie de grinats .. et petites perles d'Escosse, de laquelle coronne a plusieurs lieux vuydes desdites pierres ; le tout pesant 4 marcs 7 onces.

6. — Item un reliquaire en forme de chapelle ou clochier dessus ung grand pié d'argent et tout doré, ouquel est escript : *de marchelliis sancti Laurencii ;* le tout pesant 4 marcs 5 onces.

7. — Item ung autre reliquaire d'argent doré assis sur ung soubzbassement de cuyvre doré, ayant au-dessus en forme de chapelle, sur un tuau de cuyvre doré soustenu de deux Maries tenant chacune une boëte en leur main en la face de ladite chapelle insculturée les deux Maries avec leurs enfens ; ung escripteau ou milieu, ouquel est escript : *reliquie sanctarum sororum Marie Jacobe et Salome et sancti Vigilii, martiris,* sur lequel escripteau a ung ymage de Nostre-Dame ayant sur la teste ung petit rondeau sur lequel est escript : *La vraye croix,* et au dessus une croix à crucifix ; le tout pesant 10 marcs 1 once.

8. — Item ung ymage de saint Pierre en forme pontificalle, tenant en ses mains ung reliquaire en forme de chapelle, ayant à la face de laquelle a un cristal où y a escript : *de sancta cruce et de costa sancti Petri, de capillis beate Marie-Magdalenes, de ossibus sancti Mauricii, de ossibus sancti Godeberti et de pluribus aliis sanctis ;* tenant une clef à la main senestre ; la coronne ornée de petites pierres de peu de valeur ; ledit ymage sur ung soubzbassement d'argent ; et le tout pesant 10 marcs 3 onces.

9. — Item ung ymage de saint Jehan l'évangéliste, tenant ung cristal garny d'argent doré aux deux botz, audessus duquel cristal a ung petit ange où est escript : *de reliquiis beati Pauli apostoli, de capillis beati Marcelli episcopi, de sancto Johanne eleemosinario* ; à la main dextre tenant unge palme. Ledit ymage soubz ung soubzbassement d'argent doré ; le tout pesant 10 marcs 4 onces et demye.

10. — Item ung autre ymage de saint Vincent d'argent doré, ayant en la main senestre ung cristal ront dedans lequel est escript : *Saint Vincent ;* ledit cristal enchâssé en argent, et aux deux boutz et dessus ledit

cristal ung ange assis sur ung soubzbassement où est escript : *sanctus Vincentius* ; le tout d'argent doré, pesant 11 marcs 1 once et demye.

11. — Item ung reliquiaire d'argent doré en forme de chapelle, ayant au dessus ung petit crucifix d'argent, rompu, assis sur ung hault pié, ouquel sont plusieurs reliques ; le tout pesant 4 marcs 2 onces et demye.

12. — Item une croix d'argent garnie de plusieurs pierres de petite valeur, en laquelle y a ung ymage de crucifix assis sur ung pié de cuyvre doré ; pesant 2 marcs 5 onces.

13. — Item ung ange estant en boys tenant en ses mains deux tabletes d'argent où sont plusieurs reliques, comme appert par les cristaulx, ayant les hailles (1) de cuivre doré.

14. — Item ung crucifix d'yvoire sur une croix de corne noire, ayant deux anges dessus d'yvoire. A l'entour une Notre-Dame et Saint Jehan aussi d'yvoire, assis sur un soubzbassement d'yvoire.

15. — Item ung repositoire des saintes unctions, assis sur quatre lyons dorez et la croix dessus, le tout d'argent, pesant 2 marcs 6 trézeaux.

16. — Item deux petites buretes d'argent doré, l'une ayant au-dessus A et l'autre V, pesant 5 onces 3 tréseaulx.

17. — Item une paye d'argent doré où a ung crucifix esmalié garniz de chappiteaulx dorez, au doux de laquelle est escript : « Jacques Nyvelles. »

18. — Item deux chandelliers d'argent à pieds rons, et sur lesdiz piés une pointe, le tout doré par les bois d'en bas, et sur lesdiz pieds escript : « Jacques Nyvelles » ; le tout estant dedans ung estuyt de cuyr.

19. — Item deux chandeliers d'argent armoyés des armes de Creney (2) pesant ensemble 6 marcs 3 onces et demye compris le bois estant dedans.

20. — Item un aubbenoistier d'argent avec l'aspargès, ayant au fond une patene de fer qui se peult oster et mectre ; le tout pesant 11 marcs 3 onces.

21. — Item deux encensiers d'argent ayant chacun ensancier une patène de fer, lesquelles se peuvent hoster et mectre ; pesant ensemble 10 marcs, compris cinq botons d'argent qui sont arrachez hors des encensiers.

22. — Item les deux croix d'argent accoustumées de porter, assis sur deux pomeaux de cuyvre doré, pesant chacune 13 marcs, tant en cuyvre boys qu'argent, qui est pour lesdites deux croix 26 marcs.

23. — Item ung calice d'argent doré dedans et dehors, ayant au pié en figure ung crucifix, ayant autour Nostre-Dame, Saint Jehan, Saint Laurent, avec la patène, pesant 3 marcs.

24. — Item une petite châsse couverte d'argent, ayant quatre petitz ymages d'argent doré à l'entour ; les crestes de cuivre doré, en laquelle repose les chefs saint Gervais et saint Prothaiz (3), laquelle n'a esté ouverte ; pesant 19 marcs 4 onces.

(1) Les aîles.
(2) Michel de Creney, évêque d'Auxerre (1390-1409). (M. Q.).
(3) Il ne faut pas entendre cela des chefs entiers de ces saints, mais de quelques morceaux du nombre de ceux que saint Didier, évêque d'Auxerre,

25. — Item ung ymage de boys couvert d'argent fait en l'honneur de Saint Félix (1).

26. — Item ung bras de boys et la main couvert d'argent doré en aucuns lieux, garny de plusieurs pierres, ouquel est enchâssé le bras Saint Guillaume, arcevesque (2), pesant avec le boys 9 marcs 7 onces.

27. — Item deux tabletes de boys fermans à deux charnières d'argent, appellées les tables de Moyse, ayant plusieurs prophètes (3), garnies de feulages d'argent doré et garnies de plusieurs pierres, de grenatz, turcoises, et fermant à un petit loquet d'argent ; prisé 25 livres.

28. — Item le chef de monsieur Saint Amatre, enchâssé en argent doré (4) ayant une mytre semblable d'argent doré garny d'aucunes petites

au commencement du VII° siècle en avoit obtenu et dont il avoit mis des fragments dans l'église qu'il fit bastir en leur honneur par saint Marin, son diacre, au faubourg de la ville. (L.).

(1) C'est apparemment du saint Félix, enfant, martyrisé avant le X° siècle au moins, dans les bois de Merry-la-Vallée, et duquel le corps, après avoir reposé dans l'oratoire de son nom, situé dans ces forêts, fut transporté à Auxerre, où l'on croit qu'il fut déposé à Saint-Germain, soit tout d'abord, soit après avoir été conservé à la cathédrale. (L.). Il existe encore dans le chœur de l'église Saint-Germain des traces de fresques qui représentent ce saint, qui paraissent du XIII° siècle. (M. Q.).

(2) Saint Guillaume, archevêque de Bourges au XIII° siècle. (M. Q.).

(3) C'étoient apparemment les anciens dyptiques où étoient d'un costé les noms des vivans, et de l'autre ceux des morts, que le sous-diacre prononçoit derrière l'autel, vis-à-vis le prêtre aux deux *memento* du canon de la messe ; ce qui a commencé à cesser depuis qu'on a élevé un retable derrière l'autel. On colloit ordinairement dans l'intérieur de ces tablettes un parchemin ou une feuille gravée qui contenoit ces noms. De semblables tablettes ont aussi servi à chanter le Répons, graduel et l'*Alleluia* à la messe. Le chantre y attachoit la feuille roulée qui les contenoit et montoit à la tribune pour chanter dedans. Ces feuilles s'appelloient *Rotuli*. Il n'y a pas longtemps que le sous-chantre portoit encore dans de semblables rouleaux ce qu'il avoit à entonner dans les processions. Il y a, dans le trésor de l'église de Bourges, des tablettes assez semblables à celles qui sont ici inventoriées, mais elles sont d'ivoire ; et peut être que celles d'Auxerre en étoient aussi et que les prophètes que le faiseur d'inventaire a cru y voir étoient des figures romaines comme dans celles de Bourges et dans celles de Liège, de Compiègne et dans deux autres que M. Baudelot dit avoir vues en son *Traité de l'utilité des voyages*. Ce sont ces prétendus prophètes représentez sur ces tablettes accoutumées d'être mises sur le grand autel qui sont cause qu'on appelle encore à Auxerre, du nom de prophètes, certains carrés d'orfrois d'anciennes chappes qu'on met aux grandes fêtes sur l'autel et où différents saints y sont représentez. (L.).

(4) C'est le reliquaire que fit Pierre de Grez, évêque d'Auxerre, après avoir visité, l'an 1320, le corps de ce saint, dont il sépara alors la teste pour l'enchasser en argent. (Lebeuf.)

pierres de petite valleur et au col dudit reliquiaire une roze d'argent esmaillée d'azur pendant à une chaîne d'argent doré ; le tout pesant 27 marcs 6 onces.

29. — Item le chef de monsieur Saint Just, enchâssé en argent doré (1), ayant au col ung colier d'argent doré auquel est pendu une patenostre de perles en une bulete d'or où est ung himal (*sic*) de l'ymage de Saint Jehan, avec plusieurs florettes blanches et vermeilles, et sur les espaulles a la forme d'ung colier qui ne se bouge, plain de diverses pierres de petite valeur et botons d'argent entre deux en forme de perles, et sur ledit petit chefz a ung petit ront de cristal ouquel est escript : *caput sancti Justi*, assis sur quatre petitz lyons d'argent doré ; pesant 20 marcs 2 onces.

30. — Item ung ymage de Saint Pierre d'argent doré (2) assis sur ung soubzbassement aussi d'argent, ouquel sont les armes de feu bonne mémoire monseigneur de Longueil, évesque d'Auxerre, tenant deux clefz en la main dextre, et en ses mains ung ront de cristal enchâssé par les deux botz d'argent doré en l'un des boutz ayant l'ymage de Sainte Pétronelle, ainsi qu'il est escript au pié dudit ymage, et à l'autre bout l'ymage de Saint Andrier, et par dessus ledit ront est l'ymage du crucifix environné de clerevoyes ouquel a ung brevet escript ou bras Saint Pierre, derrière le chefz ung dyadesme garny de pierres de petite valleur, et au pié dudit ymage, sur ledit soubzbassement, y a ung priant en pontifical, crossé et mytré ; le tout d'argent doré pesant 24 marcs et demy.

31. — Item ung reliquaire d'argent doré appelé le *Joyau* (3), assis sur

(1) Ce reliquaire fut fait en 1425 aux dépens du chapitre, selon les registres, et on le porta depuis en différentes processions marquées aux mêmes archives. Mais toute la teste n'étoit pas renfermée dans la figure de ce chef : il n'y en avoit qu'un morceau, comme dit l'inventaire. Cette teste apportée de Beauvoisis où ce saint avoit été martyrisé au commencement du v⁰ siècle, fut mise par l'évêque saint Amatre dans l'église cimétérale de Saint-Symphorien, dite depuis de Saint-Amatre. Elle y resta longtemps dans son entier ; mais l'empereur Othon-le-Grand s'en fit apporter d'Auxerre la plus grande partie qu'il donna, l'an 949, à l'abbaye de Corwey en Saxe, selon les annales de cette célèbre abbaye. D'autre part, celle de Notre-Dame-des-Ermites, dans le pays des Suisses, avait la même prétention dès le xi⁰ et le xii⁰ siècle. Cependant ce qui en pouvoit rester à Auxerre étoit encore dans l'église Saint-Amatre à la fin de l'onzième siècle, selon l'un des martyrologes de l'église cathédrale qui fut alors rédigé par écrit. On ne sait en quel temps il fut transporté à ladite cathédrale. Le bréviaire d'Auxerre, imprimé en 1580, dit que cette relique y fut conservée honorablement jusqu'en 1567 que la ville fut privée par les hérétiques des reliques de ses saints et de ses autres sanctuaires. (L.).

(2) Ce joyau fut donné par Pierre de Longueil, évêque d'Auxerre, le 6 mai 1469. On le portait quelquefois seul aux processions extraordinaires comme celle du dimanche 8 mars 1534 et celle du vendredi 2 avril 1535. (Ex.-reg.-capit.). (L.).

(3) Il y a apparence que ce joyau, qui étoit le plus considérable, avoit été

quatre lyons, ayant en l'une des faces ung hautel en sculture garny de livres, calice, paix et table devant en laquelle est esmaillé ung crucifix et l'ymage de Nostre-Dame et Saint Jean ; devant ledit aultel ung priant ayant derrière luy ung personnage debout tenant la mytre et crosse dudit pryant, et en la mesme face y a ung ymage de Nostre-Dame, coronné, debout, tenant ung vestement en forme de tunique ; et derrière ledit ymage Nostre-Dame a ung ange assez grand sur ung pillier ; ou millieu de ladite face a l'ymage Saint Michel ayant d'ung cesté et d'autre beaux feulages ; aussi en ladite face quatre cristaulx en forme de verrière d'église ou millieu desquelles a deux petitz anges enlevez dont l'un tient ung encencier ; en l'autre face y a l'ymage Saint Germain en pontifical, tenant sa crosse, et devant luy ung mulet trébuché (1) ; et à l'autre quartier de ladite face y a deux personnages en forme de deux coquins, l'un assis et l'autre debout, et en ladite face à colemeaux feullez par dessus en manière de menuvert, à l'un des botz l'ymage Saint Germain crossé et mytré, et l'autre l'ymage Saint Estienne ; et au-dessus dudit joyau y a deux grands anges tenant à leur senestre chacun ung ensansier, et à leur dextre soustenant ung ront en forme de raye de soleil, et au-dessus ung crucifix et l'ymage de Nostre-Dame et Saint Jehan, et sur les quatre botz quatre petites tournelles sur lesquelles sont quatre petites bannières ; ouquel joyau on porte le *corpus Domini* le jour du Saint-Sacrement ; le tout pesant 61 marcs.

32. — Item un baston couvert d'argent ayant dessus ung angle (*sic*) d'argent doré, lequel porte le chantre d'Auxerre, et au dessoubz de la pomme garni de pierres de petite valeur, et au-dessoubz desdites pierres quatre escussons, pesant 6 marcs 2 onces, compris le bois.

33. — Item ung calice d'argent doré le pié à deux pans rons, et le pomeau environné de dix esmaux esmaillez de fleurs d'azur et au pié ung esmail de Saint Jehan, garni de patène, ung esmail ou millieu d'un Dieu en majesté et deux anges des deux costés ; pesant 2 marcs 6 onces.

34. — Item ung aultre calice d'argent doré ayant au pié ung crucifix esmaillé et le pomeau armoyé de plusieurs armoiries ; le pate garny de patène ; pesant 4 marcs et demy.

35. — Item ung autre calice d'argent doré, avec la patène, esmaillé ou pomeau des armes de monsieur de Longueil, en la patène Dieu en majesté ; pesant 4 marcs 1 once.

36. — Item ung autre calice d'argent doré à dix pans rons et le pomeau à soleil et dix esmaulx esmaillez à testes d'apostres, garniz de patène esmaillée d'une Majesté ; pesant 3 marcs 5 trézeaux.

37. — Item ung autre calice d'argent doré à six pans carrés et le pomeau

fait en bonne partie des deniers de l'évêque qui y étoit représenté, mais on ignore quel est cet évêque, sinon que ce pouvoit être Jean Baillet, qui siégea depuis 1478 jusqu'en 1513. (L.).

(1) Allusion lointaine au vol du cheval de saint Germain dans un de ses voyages, par un individu qui s'efforce en vain de le lui restituer. (Lebeuf, *Mémoires*, t. I, p. 53). (M. Q.).

à la vieille façon, et au pié ung crucifix esmaillé, Notre-Dame et Saint Jehan des deux costez, garny de patène esmaillée d'un *agnus Dei* dessoubz ; pesant 14 onces 7 trézeaux.

38. — Item ung autre calice à huit pans quarrés et le pomeau doré à esmail quarré, à la vieille façon, et en la patène une main dorée ; pesant 2 marcs 1 once.

39. — Item ung autre calice d'argent doré, le pié à six pans quarrés et le pomeau à esmail quarré, à la vieille façon, et ou pié ung crucifix esmaillé, Nostre-Dame et SaintJehan ; et la patène esmaillée d'une Majesté ; pesant 1 marc et demy.

40. — Item deux burettes d'argent doré par les botz, dessus, dessoubz et ou millieu, armoyées dessus de deux escussons en façon d'esquerres ; pesant 1 marc 5 onces.

41. — Item deux petitz chandeliers d'argent à pointes, à mectre un estuyt pour pourter sur les champs ; pesant 13 onces et demye.

42. — Item une assez grande paix quarrée dorée par les botz ayant dedans l'ymage du Crucifix d'un costé et d'autre les ymages Nostre-Dame et Saint Jehan, ou manche de laquelle est escript : *Jhesus Maria* ; pesant 1 marc et demy.

43. — Item une autre petite paix d'argent doré de tous costez, et au devant ung crucifix esmaillé, et d'un costé Nostre-Dame et d'autre costé Saint Jehan, et escript derrière : *Jacques Nyvelles* ; pesant 4 once 1 trézeau et demy.

44. — Item ung petit reliquiaire d'argent doré, ouquel y a ung ront de cristal, assis sur deux petitz pieds larges, esmaillez, et dessus une petite croix rompue ; et à l'un des costez est escript : *une coste du corps Saint Vigille martir, évesque d'Aucerre*, mise en deux parties, et d'autre costé des os de Saint Ferréol, du sépulchre de Jhesus-Christ et plusieurs autres reliquiaires ; pesant 7 onces 5 trézeaux.

45. — Item ung affiquet servant à une chappe en forme d'une M, lequel est d'argent doré, ayant ou millieu l'ymage Saint Estienne, et au-dessus de sa teste Dieu le père, tenant une petite pome et une croix dessus, couvert d'un chapiteau, et d'un costé et d'autre deux tyrans, chacun ayant un chapiteau en forme de maçonnerie ; pesant 1 marc 3 onces.

46. — Item une boëte d'argent à mectre hosties, pourtant sa paix, en laquelle est esmaillé ung crucifix, Nostre-Dame et Saint Jehan ; pesant 6 onces 6 trézeaux.

47. — Item ung tuau d'argent doré (1) ouquel y a deux escussons, servant pour les communians aux quatre festes solennelles, après qu'ils ont reçu le *Corpus Domini* ; pesant 1 once 7 trézeaux et demy.

48. — Item une nef d'argent à mectre ensent, ayant un lyon et ung

---

(1) Le Nécrologe de la cathédrale d'Auxerre, écrit au XII° siècle, fait quelquefois mention de ces chalumeaux donnez par des chanoines ; par exemple le prévost Ilger, mort un 7 mai vers l'an 1140. (L.).

escusson dessoubz et d'autre ung boton, avec sa cuillère quarrée par devant; pesant 1 marc 2 trézeaux.

49. — Item une boëte d'yvoire à hosties, ferrée en quatre costez d'argent, et par dessus une bocle ; pesant 4 onces 7 trézeaux.

50. — Item deux croix d'argent doré en chacune desquelles y a ung crucifix, l'une plate ayant quatre ymages aux quatre botz et au dos du crucifix, par derrière ung verre ; et l'autre petite croix garnie aux quatre coings de quatre petitz bocquetz de perles et de pierres de petite valeur, et derrière esmaillée d'azur ; le tout pesant 4 onces 5 trézeaux avec les petitz pendans.

51. — Item une autre petite croix à crucifix de cuyvre doré, à quatre pierres de petite valeur.

52. — Item ung petit cristal en forme ronde, garny pardessus d'argent meslé, où est dedans du reliquaire de Saint Cire et Sainte Julite ; pesant 2 onces.

53. — Item deux petitz joyaulx d'argent doré, l'un quarré, garny de grinatz et de saffiz à une chaisne d'argent ouvré de menu fil, et l'autre en forme d'un barillet neslé et une petite chaisne ; le tout pesant avec leurs pendans 3 onces 6 trezeaux.

54. — Item ung autre petit reliquaire de boys couvert d'argent feible, ung gros cristal ou millieu ; non pesé pour la petite valeur.

55. — Item ung pot de verre auquel sont plusieurs reliques, en l'ance duquel y a une borce pendue de soye vermeille en laquelle sont plusieurs reliques.

56. — Item deux platz d'argent à servir à l'autel, dorez à l'entour et au millieu et par les botz ; en l'un desquelz y a ung biberon ; le tout pesant 5 marcs 6 onces.

57. — Item ung reliquaire d'argent doré en forme quarrée ouquel est le manteau de monsieur Saint Martin (1), ayant en la face de devant l'ymage de Saint Martin à cheval, divisant son manteau aux pauvres, et dessus *Deus in nubibus* ; et d'autre costé est l'ymage Saint Estienne et deux tyrans, et au dessoubz Dieu le père ; garny de chapiteau et deux pilliers et à l'entour garny de botons d'argent et de plusieurs pierres de petite valleur ; et au dessoubz au pié de Saint Estienne, d'un cristal ront

(1) Dès le XIIIe siècle, on croyoit posséder dans la cathédrale d'Auxerre une partie du manteau que saint Martin coupa pour couvrir le pauvre qu'il trouva à la porte d'Amiens. L'évêque Erard de Lésignes en prit une partie qu'il envoya, l'an 1271, par Pierre de la Jaisse, son chapelain, depuis évêque de Mâcon, à Jean de Conty, son parent, prévôt de Liège et chantre d'Amiens, lequel en fit depuis présent à l'abbaye de Saint-Martin de la même ville d'Amiens, où on le conserve dans un grand reliquaire d'argent doré représentant la porte de la ville et l'action du saint, donné par le roi Louis XI l'an 1479. Le chapitre d'Auxerre en donna encore un morceau, le 7 avril 1399 à la comtesse de Nevers, et l'an 1410, le 11 mars, une autre parcelle à Etienne Bizonce, chanoine tortrier, pour l'église Saint-Martin de Clamecy. Et enfin,

garny d'argent ouquel est escript : *de ossibus corporis beati Stephani prothomartiris ;* pesant 21 marcs 6 onces.

58. — Item six tasses d'argent dorées par les bors, escriptes dessoubz *G. de Tangy* ; pesant 9 marcs.

59. — Item deux potz d'argent, les garnitures dorées, escriptes dessoubz *G. de Tangy ;* pesant 3 marcs demy once.

60. — Item deux fermilletz d'argent doré garniz de leurs tissuz verts, qui ont autreffoys servy à ung livre, en l'un desquelz y a taillé d'ymage Nostre-Dame, et l'autre Sainte Katherine ; pesant 1 once 5 trézeaux.

61. — Item une mytre et ses pendans de drap d'or, garnye à l'entour d'argent doré sumée d'émaulx quarrés et de petitz botons d'argent, et des perles et pierres de petite valleur sumées parmy et ou millieu de drap d'or, une roze de velours cramoisy, et ou millieu desquelles rozes a deux autres rozes d'argent dorez en manière de fermilletz sumées de pierres de petite valleur.

62. — Item une autre mytre de damas blanc.

63. — Item une autre mytre de soye blanche faite à l'esguille, garnye d'orfroyz, garnye de chacun costé de quatre esmaux de Lymoges garny d'argent à l'entour ; laquelle mytre sert pour l'évesque des tortriers et les enfans d'aulbe (1).

64. — Item une crosse de cuyvre doré en laquelle une lanterne à quatre pilliers et chapiteaux et à chacun quarré y a deux ymages, et le fons des ymages est d'argent garni de pierres de petite valleur, et le baston de ladite crosse couvert d'argent et ou millieu ung tuau de cuyvre, et au bout d'en bas ung autre dorez.

65. — Item ung évangélier couvert d'argent, ouquel d'une part est ung crucifix enlevé, une Notre-Dame d'un costé et ung Saint Jehan de l'autre ; et d'autre costé ung Dieu le père enlevé, d'argent doré, et aux quatre coings quatre évangelistes esmaillez ; pesant avec le livre, boys et signetz, 27 marcs.

66. — Item ung tableau de boys couvert de soye damassée, rouge, dessus lequel l'ymage de Saint Germain avec doux anges tenans ensen-

le 14 avril 1567, un autre fragment à l'église Saint-Martin d'Olivet, proche Orléans. Il faut remarquer qu'en toutes ces distributions cette relique est appelée *Chlamys* ou *Mantellus* ; ce qui peut servir à combattre l'opinion de ceux qui croient que c'étoit seulement un reste de l'étoffe du poisle qui couvrit la châsse de saint Martin, durant les trente années qu'elle fut conservée à Auxerre, au IX° siècle. Le dimanche 30 août 1411, fut faite une procession générale, à Auxerre, où fut porté *Mantellus Sancti-Martini.* Entre les reliques que Richard Colas, abbé de Saint-Marien, fit enfermer dans le même temps au haut du clocher de Notre-Dame-la-D'Hors, il y avoit de ce manteau. (L.).

(1) Le jour de la fête des Innocents. Voyez Chérest : *Nouvelles recherches sur la fête des Innocents et la fête des Fous. (Bull. Soc. des Sc. de l'Yonne,* 1852). (M. Q.).

ciers, et dedans lequel est le rochet de monsieur Saint Germain, et est escript dessus, de broderie : *le rochet de Saint Germain d'Aucerre*.

67. — Item ung petit coffret de boys doré fermant à clefz, doublé par dedans de toille jaune, ouquel est la haire de monsieur Saint Germain d'Aucerre.

68. — Item ung autre coffret de boys fermant à clefz, dedans lequel est le chapperon de Saint Amatre, et est en escript dessus : *cappa santi Amatoris*.

69. — Item ung autre pareil coffret fermant à clefs, ouquel sont plusieurs reliquiaires où il n'y a point d'escripteaux.

70. — Item la robe de monsieur Saint Germain, ensemble les gans en forme de tunique estans dedans ung sandal rouge.

Le 3 de juillet 1531, tous et chacuns les joyaulx et sanctuaires, reliquaires, calices, vaicelles d'argent, le tout cy dessus spécifiez, sont esté recolley et baillez par inventaire à monsieur maistre Jehan Babute, trésorier de ladite esglise, à ce présent, par vénérables et discrettes personnes maistres Jehan Le Roy, chantre, Germain de Charmoy, Jehan le Broc, Philibert Guygnart, maître de la fabrique, et Jehan Olivier, commissaire à ce par messieurs de chappitre, pour iceulx faire bien garder et distribution comme est tenu de faire comme trésorier.

Fait les an et jours dessus dites, en présence de maître Jehan Bryde, prebtre, et Claude Rétif, clerc. — Signé, Fauchot.

(Archives de l'Yonne, G 1824).

Extrait du chapitre des ornements, linges et livres (ibid).

Quatre chappes de satin blanc veloté, sumées d'aiglons d'or et de feullez de chayne vert, garnyes d'orfroye (1) d'or de Chypre (2) à hystoires, données par feu M. de Longuel (3).

Item une chappe de drap d'or frizé, garnie d'une offroy d'or de Chypre à histoires Et sont lezé les ymaiges de perles... donnée par feu M. François de Dinteville, évesque d'Auxerre (4).

Item une chasuble, tunique, dalmatique de drap d'or frizé, garnye d'ouffroy d'or de Chypre, armoyée des armes de M. de Dinteville, évesque d'Auxerre à présent (5).

Item quatre chappes de drap d'or reez, garnyes d'ouffroys d'or de Chypre à histoires, et une chasuble, tunique, dalmatique de semblable drap d'or... trois grans draps d'autel de soye... données par feu M. Jehan Baillet, en son vivant évesque d'Auxerre (6).

(1) Orfrois, broderie employée en bordure ou galon.
(2) M. de Longueil, évêque de 1440 à 1473.
(3) Etoffe de fil d'or fabriquée à Chypre.
(4) Evêque de 1513 à 1530.
(5) Il siégea de 1530 à 1554.
(6) Evêque de 1477 à 1513.

Item trois chappes de drap d'or en laine de satin pers, figures d'oyseaulx, de sers et de chiens, orffroys d'or de Chyppre à ystoires d'or miez, avec les ormoyries de feu M. Françoys de Dinteville, en son vivant évesque d'Auxerre.

Item, ou cueur de ladite église, au melieu du grand aultel, il y a une crosse de cuyvre où pend ung cyboire d'argent doré où repose le précieux corps de Nostre-Seigneur Jhesus-Christ, et au dessus d'icelle crosse y a ung crucifix d'argent doré d'or.

Item, le ciel à pourter dessus le *Corpus Domini*, le jour de la Feste-Dieu, le fons de drap d'argent, les pendans de drap d'or frizé (1) doublé de taffetas vert garniz de franges d'or et d'argent, ensemble six bâtons sumés de fleurs de lis et de rosettes; prisé 200 livres.

Item deux sendales de demy satin blanc, garnyes de ruban d'or, lyez de huit petis botons d'argent doré.

Item une chasuble, tunique et dalmatique de satin blans, sumées de feulles d'or, garnys lesditz habitz d'orfroys fait au mestier tous à petiz ymayges…

Item trois draps de velours cramoysy, en l'un y a ung crucifix d'or de Chyppre, avec deux lettres X et R ; le 2ᵉ y a ung crucifix marqué J. G. de Tangy; le 3ᵉ y a une Annunciation d'or de Chypre, auquel y a des escussons de ………… et aux deux botz est le Roy et Reigne de d'or de Chypre, garniz leur tabernacle d'or de Chyppre ; doblez de toiles rouges et pers.

Item une chasuble de cuyr doré, orfroy et tavelles doré de soye, les tuniques et damatiques de soye et les offroy et tavelles doré de soye garny de leurs estolles, manipules et colletz de plusieurs coleurs.

Item trois draps de taffetas pers, en l'ung le martyre de Saint Estienne, l'autre une Annunciation Nostre-Dame, l'autre a ung crucifix, le tout de brodure d'or de Paris, armoyé de figures et estoiles d'argent de Paris, doublé de boguerant rouge, servant aux dymanches de la diée ; baillée par feu M. Signard, évesque d'Auxerre (2).

Item trois draps de soye rouge fait en manière de soye verte, et par dedans sumée de bisches d'or de masse, armoyés de carreaulx et d'estoilles, servant à la Trinité et Saint Pélerin et aux octaves de Pentecoste.

Item ung parement de soye blanche, au mellieu duquel y a une Majesté et les quatre évangélistes, sumé de plusieurs ymages, le tout de brodure d'or de Chyppre.

Item trois grands livres couverts, l'un de cuyr blanc et l'autre de cuyr vert, avec les fermilletz (3) et cloux pour leur fermeture, c'est assavoir deux antiphoniers et un gros greil (4) servant aux petites solempnitez.

---

(1) Le drap d'or frisé était réservé pour les vêtements des rois, des princes, de leur femmes et de leurs filles. (La Curne de Sainte-Pallaye, *Dictionnaire*).

(2) Evêque de 1473 à 1477.

(3) Ou fermaillets, diminutif de fermail, agrafe, boucle. (La Curne de Sainte-Pallaye, *Dictionnaire*).

(4) Greil ou Gréez, Graduel, livre de lutrin.

Item ung messel en parchemin escript à la main, enluminé de lettres d'or, relié entre deux ayes (ais), couvert de velours noir, les fermillets et pomelles d'argent doré et les tissus desdiz fermillets de drap d'or de Chyppre, lesquels fermillets armoyés des armes de feu monsieur Baillet, en son vivant évesque d'Auxerre, et par luy ou ses exécuteurs légué à ladite esglise.

A esté trouvé audit trésor ung livre messel en parchemin, escript à la main, relié entre deux ayes, fait à plusieurs ystoires d'or, baillé et légué par feu monsieur de Longueil, en son vivant évesque d'Auxerre.

www.ingramcontent.com/pod-product-compliance
Lightning Source LLC
Chambersburg PA
CBHW050041230526
45470CB00003B/1391